GOHEBYDD YNG NGHEREDIGION
YN YSTOD Y FLWYDDYN FAWR

GOHEBYDD
YNG NGHEREDIGION
YN YSTOD
Y FLWYDDYN
FAWR

Hanes John Griffith (Y Gohebydd)

ac Etholiad 1868

DYLAN IORWERTH

CYMDEITHAS LYFRAU CEREDIGION GYF

Cyhoeddwyd gan Gymdeithas Lyfrau Ceredigion Gyf.,
Blwch Post 21, Yr Hen Gwfaint, Ffordd Llanbadarn,
Aberystwyth, Ceredigion SY23 1EY.
Argraffiad cyntaf: Gorffennaf 2007
ISBN 978-1-84512-057-3

Cefnogwyd y gyfrol gan Gyngor Llyfrau Cymru
Argraffwyd yn yr Eidal

John Griffith
(Gohebydd)

GOHEBYDD YNG NGHEREDIGION YN YSTOD Y FLWYDDYN FAWR. HANES JOHN GRIFFITH (Y GOHEBYDD) AC ETHOLIAD 1868

'Y MAE yn ofynnol wrth ddau beth i gael pwt o ohebiaeth – yn gyntaf, stwff; ac yn ail, hamdden i'w osod ynghyd.'

Dyna un diffiniad gan John Griffith, y Gohebydd, o ofynion newyddiaduraeth. Ond ar ddechrau 1868 roedd un o'r ddau hanfod yn brin. Un byr iawn oedd ei Lythyr cyntaf i *Baner ac Amserau Cymru* y flwyddyn honno – colofn i ymddiheuro, mewn gwirionedd, nad oedd ganddo golofn go iawn. Roedd wedi blino gormod, roedd pobl wedi bod yn ei boeni'n ddidrugaredd ac yntau, felly, heb gael amser dros gyfnod y Gwyliau i sgrifennu dim.

Byddai llawer yn siomedig efo hynny. I nifer mawr o ddarllenwyr y *Faner* yr adeg honno, colofnau'r Gohebydd oedd ei thrysor mwyaf. Nid unrhyw ohebydd oedd hwn ond 'Y Gohebydd', y riportar proffesiynol cyntaf yn y Gymraeg a'r dyn oedd yn dod â gwleidyddiaeth yn fyw trwy gyfrwng ei Lythyr o Lundain.

Wrth i ninnau edrych yn ôl ar ei hanes ef yn ystod gweddill y flwyddyn honno, gallwn rannu ei deimladau. Gormod o stwff a dim digon o amser ydi'r anhawster i ninnau. Mynd ati fel newyddiadurwr wna i; defnyddio'r hyn sydd ar gael o dan yr amgylchiadau, cymryd ambell bwt o fan hyn a fan draw i drio rhoi argraff o ddyn a chyfnod. Mae hynny, mae'n debyg, yn wahanol i ddull hanesydd, fydd yn trio casglu popeth i ddechrau ac wedyn yn pwyso a mesur. Bydd fy null i yn golygu bod ynghanol y digwyddiadau, heb allu gweld y darlun cyfan bob tro, ond yn medru teimlo'r cyffro, gobeithio.

I ddechrau, mae angen dychmygu cyfarfod cyhoeddus yn Llanbedr Pont Steffan. Nid yng ngwesty mawr y Black Lion, er bod hwnnw ar ei draed ers yr 1830au, ond mewn capel. Achos cyfarfod gan y Rhyddfrydwyr ydi hwn, a ninnau ar drothwy Etholiad Cyffredinol ym mis Hydref 1868. Pobl capel yden ni a llawer yn ddirwestwyr. Mae ein gwleidyddiaeth a'n buchedd yn un.

Ryden ni'n edrych ymlaen. Peth prin ydi gornest o gwbl yng Ngheredigion, a'r ddwy sedd sydd yma fel arfer wedi eu rhannu'n gyfleus rhwng landlord o Dori a landlord o Ryddfrydwr cymedrol – criw Trawsgoed a Nanteos ar un llaw, a chriw Gogerddan ar y llall. Fe fydd yna fwy nag arfer yn pleidleisio'r tro yma – mae deddf newydd wedi rhoi pleidlais i ragor o ddynion. Dim ond dynion, wrth gwrs, a dim ond rhai â rhywfaint o fodd – nid democratiaeth lawn sydd yng Nghymru yn 1868.

A dyma ni. Ychydig ddyddiau ar ôl a chynnwrf yn y sir. Am y tro cyntaf erioed mae Anghydffurfiwr o Ryddfrydwr – ein dyn ni – yn herio'r tirfeddiannwr o Eglwyswr Torïaidd. Cofiwch, am ychydig roedden ni'n ofni na fyddai gyda ni ymgeisydd o gwbl. Roedd y Ceidwadwr Henry Mallet Vaughan yn y maes ers misoedd, a ninnau heb neb. Mae'r 'Mallet', wrth gwrs, yn cyfeirio at galedwch ei ben. Ac mae'r Vaughan yn ei enw yn ddigon i ddweud wrthoch chi mai un o linach yr Arglwydd Lisburne yn Nhrawsgoed yw hwn.

Rydech chi siŵr o fod yn cofio beth ddywedodd 'Rhyddfrydwr' amdano wrth sgrifennu yn y *Faner* ychydig fisoedd yn ôl, gan ei ddisgrifio fel 'hogyn ieuangc, dibrofiad, didalent, diddawn, diddim (oddieithr y cymhwyster pwysig o fod yn nai i Lord Lisburne)'. Fel arfer, roedd y Gohebydd wedi crisialu'r cyfan yn fachog a ffraeth. Yn ôl hwnnw, roedd gan Vaughan '*big uncle*'.

Gogordroi a wnaeth y Rhyddfrydwyr, fel y gŵyr y rhai hynny ohonoch chi a fu yn y cyfarfod mawr yn Aberaeron ddechrau'r haf. Un enw ar ôl y llall yn cael ei gynnig a neb yn mentro i'r maes. Gweddill y Gymru Anghydffurfiol yn sefyll, ond Ceredigion, y mwyaf Anghydffurfiol o'r cyfan, yn aros ar ôl. Yn y diwedd, wrth gwrs, fe gawson ni'r dyn – Edward Matthew Richards, Abertawe. 'Self-made Baptist', fel y dywedodd rhywun, a 'Cardi-made Member of Parliament', gobeithio, os llwyddwn ni yn y dyddiau olaf yma cyn y bleidlais fawr.

Mae popeth yn mynd yn dda. Yn ôl yr adroddiadau, mae'r rhan fwyaf o'r sir dros Richards, heblaw am

Lanbed ei hun. Dyw hynny ddim syndod mewn gwirionedd, a dylanwad Coleg yr Eglwys ar y dref ers deugain mlynedd a mwy bellach. Ond am y tro cyntaf erioed mae sŵn chwyldro yn y gwynt. Mae'r cyfarfod yma'n orlawn a phawb yn disgwyl yn eiddgar i glywed yr hyn sydd gan y siaradwyr i'w ddweud. Mae buddugoliaeth o fewn cyrraedd.

Dim ond un peth sy'n ein poeni ni mewn gwirionedd – y Sgriw. A ninnau'n dal heb ennill yr hawl i gael pleidlais gudd, a phawb yn gorfod bwrw'u fôt yn llygad y cyhoedd, mae'r Sgriw yn felltith fawr. A fydd ein meistri tir ni yn defnyddio'u dylanwad i fygwth ac erlid tenantiaid sy'n meiddio mynd yn eu herbyn? A fydd rhai ohonon ni yn troi cefn ar egwyddor ac yn ildio, a'r wobr yn cael ei chipio o'n dwylo?

Fe fydd Richards yma cyn bo hir ac mae'n siŵr y bydd ganddo yntau rywbeth i'w ddweud am y Sgriw.

Nid yr etholiad oedd yr unig gyffro yng Nghymru yn 1868. Yn 2007 mi allwn ni edrych yn ôl o bellter a gweld fod yna lawer o bethau eraill i'r cefnogwyr eu trafod wrth aros am eu harwyr yn y cyfarfod yn Llanbedr Pont Steffan.

Erbyn cyfnod yr etholiad yn yr hydref, roedd y ferch fach Sarah Jacob wedi bod yn ymprydio am flwyddyn bron yn Lletherneuadd, Llanfihangel-ar-arth, ychydig filltiroedd i ffwrdd. Roedd dyfalu lond y gwynt; rhai'n credu ei bod hi o ddifrif yn gallu byw heb fwyd, eraill yn amau'r teulu o chwarae gêm beryglus.

Enw'r Ffeniaid – y cenedlaetholwyr o Iwerddon – oedd yn codi arswyd y flwyddyn honno, wrth i'r ymrafael gwleidyddol dros ddyfodol Iwerddon gryfhau. Roedd y papurau'n llawn straeon am gynllwyn a bomiau, hyd yn oed yng Nghymru. Yn rhifynnau cyntaf papurau 1868, roedd sôn am bymtheg o Wyddelod yn cael eu gweld gyda'i gilydd mewn tŷ ym Merthyr Tudful adeg y Nadolig, a Golygyddol *Baner ac Amserau Cymru* ar 8 Ionawr yn cyfleu awyrgylch y cyfnod: 'Ym mhob man lle y mae nifer mawr o Wyddelod yn byw, y mae graddau mwy neu lai o ofn a dychryn yn ffynnu ymhlith y boblogaeth'.

Un ofn oedd y bydden nhw'n torri gwifren y teligraff, y 'pellebyr', o dan Fôr Iwerydd, gan amddifadu'r byd o un o'i ddyfeisiadau newydd pwysicaf. Dyfais a oedd wedi gweddnewid gallu pobl i gyfathrebu'n gywir a chyflym: Rhyngrwyd a gwe ei dydd. Roedd y wifren yn darged amlwg i'r rhai y bydden ni heddiw yn eu galw'n derfysgwyr, ac fel y dangosodd golygydd y *Faner*, roedd yr ofn a'r dyfalu ynghylch y Ffeniaid a'r Gwyddelod yn debyg iawn i'r dychryn afresymol ynghylch Al Qaeda a'r Moslemiaid yn ein cyfnod ni.

Digon cyfarwydd i ni heddiw hefyd fyddai'r ffaith fod milwyr Prydain ar antur ymerodrol yn Abyssinia (Ethiopia erbyn hyn) a'r papurau'n llawn o fuddugoliaethau ac ambell golled. Roedd straeon ddechrau'r flwyddyn, wedyn, yn sôn am chwilio am Dr Livingstone yn nyfnderoedd yr Affrig. Yn ddiweddarach yn y flwyddyn daeth y newydd am ei ffeindio.

Ddiwedd Awst lladdwyd 33 mewn damwain drên yn Abergele, a hynny hefyd yn arwyddocaol. Yn 1868 roedd rhwydwaith y rheilffyrdd yn lledu fel gwe corryn, neu bry cop, dros Gymru. Roedd y rheilffordd fawr o Fanceinion i Aberdaugleddau bellach wedi cyrraedd

Aberystwyth a Dyffryn Teifi, a damweiniau hyd yn oed yn fwy mynych nag yn ein dyddiau ni. Ond yn groes i'r arfer yn niwedd yr ugeinfed ganrif a dechrau'r unfed ar hugain, roedd yna alw i gyfrif, a gorsaf-feistr Llanddulas yn cael ei gyhuddo o ddynladdiad meirwon Abergele.

Nid ffenomenon fodern ydi fijilantes chwaith. Yng Ngwlad yr Haf roedd criw o bobl leol yn cyhuddo hen wraig o fod yn ddewines. Cam-drin plant wedyn: ddiwedd yr haf, yn ardal Leeds, roedd nain wedi ei lladd ei hun a'i dau ŵyr oherwydd ei bod hi'n poeni y bydden nhw'n mynd i angen. Yn rhifyn 8 Chwefror o'r *Faner* roedd stori am lofruddiaeth erchyll plentyn yn Lerpwl ac am glerigwr yn yr Ysgarlys.

Straeon ein papurau tabloid ni heddiw fyddai llawer o'r rhain, ond roedd yna ambell enghraifft o newyddiaduraeth ddyfnach hefyd. Roedd prif erthygl y *Faner* ar 8 Ionawr yn trafod adroddiad y Reform Society am ferched syrthiedig – puteiniaid yn ein geirfa ni. Roedd yna reswm arbennig pam y byddai'r erthygl honno yn tynnu sylw'r Cymry: dangosai'r adroddiad mai merched gweini oedd y rhan fwyaf o'r pechaduriaid. Roedd hi'n amlwg fod y *Faner* wedi disgwyl mai 'barforwynion' a 'dawnswragedd' a hyd yn oed 'wniadesau' a fyddai'n syrthio, ond nid felly yr oedd hi. Cynhaliwyd arolwg ymhlith 500 a mwy o'r merched, a'r mwyafrif llethol wedi bod yn gweini ac wedi mynd i drybini ar ôl cael eu taflu ar y clwt neu eu cam-drin gan eu meistri. Erbyn 1868 roedd llawer iawn o Gymry parchus, crefyddol, yn anfon eu merched i'r dinasoedd mawr i weini.

Straeon fel hyn oedd deunydd y baledi ffair yn ogystal er bod y rheiny'n dechrau colli'u poblogrwydd yn wyneb y gystadleuaeth fawr gan bapurau newydd. Yn ystod y degawd cyn 1868 roedd cyfreithiau a threthi wedi llacio digon i roi cyfle i'r diwydiant hwnnw ac roedd papurau fel *Baner ac Amserau Cymru* Thomas Gee wedi manteisio'n llawn. Yng Ngheredigion hefyd ceid papur Toriaidd yr *Aberystwyth Observer*, a chyfrifid y wasg yn arf pwysig ym mrwydrau gwleidyddol mawr y cyfnod. Roedd newyddion yn cyrraedd pobl yn gynt nag erioed o'r blaen; roedd yna ddadlau a thrafod a dadansoddi ac roedd mwy a mwy o bobl yn dechrau cael yr hawl i gymryd rhan yn y byd gwleidyddol.

Dyna rai o'r elfennau sydd eu hangen ar gyfer Newid, ac roedd Newid ar droed yng Ngheredigion ac yng Nghymru yn 1868.

Byddai'r cyffro'n cynyddu yn y cyfarfod yn Llanbed erbyn hyn. Mae'n bur debyg y byddai un o'r mân areithwyr eisoes ar y llwyfan yn paratoi'r gynulleidfa am y gynnau mawr. Byddai wrthi'n atgoffa'r cefnogwyr am bwysigrwydd yr hyn oedd o'u blaenau:

"Y'ch chi'n cofio dair blynedd yn ôl? Etholiad 1865. David Davies, y locomotif mawr o Landinam, yn herio Lloyd, Bronwydd. Un ac arian newydd y rheilffyrdd yn ei boced, a'r llall â hen gyfoeth y gwŷr mawr.

"Ond dau Ryddfrydwr oedd y rheiny – 'ych chi'n eu hadnabod nhw'n dda. Davies y Rhyddfrydwr newydd, radical, a Lloyd yn un o'r hen deip, hen Chwig o'r dyddiau a fu. Boddi wrth ymyl y lan wnaeth Davies ond roedd e wedi torri'r iâ. Oes y bobl newydd yw hon ac mae'r iâ wedi'i dorri yng Nghymru.

"A nawr, dyma ni, yn barod i bleidleisio eto o fewn ychydig ddyddiau. Dyma'r *real thing* y tro hyn – nid un

Liberal yn erbyn un arall, ond y Rhyddfrydwyr yn erbyn y Toris, y bobl barchus yn erbyn y meistri, y capelwyr yn erbyn yr Eglwys. A chofiwch, bobl dda Ceredigion, nid chi yw'r unig rai sy'n paratoi i sefyll yn y bwlch. Mae Osborne Morgan yn obeithiol yn Ninbych; mae Love Jones Parry yn herio mawredd teulu'r Penrhyn yng Nghaernarfon; David Williams fydd Aelod Meirionnydd; ac i lawr yn Aberdâr a Merthyr mae un ohonon ni, Henry Richard o Dregaron, ar y blaen o hewl.

"Sa' i'n broffwyd nac yn fab i broffwyd ond rwy'n fodlon darogan fod pethau mawr ar droed a gallwch chi, bobl dda Ceredigion, fod yn rhan o'r ymchwydd gogoneddus.

"Y'ch chi'n cofio'r cyfarfod mawr yn Aberystwyth pa ddiwrnod? A 1,500 – ie, mil pum cant – o drigolion y sir hon wedi'u gwasgu i mewn i'r Neuadd Ddirwest. Welsoch chi'r pedwar? Pedwar Aelod Seneddol o'r De wedi dod yr holl ffordd yno i siarad. Pryd welodd yr hen sir yma rywbeth tebyg i hynna o'r blaen?

"Y'ch chi'n cofio araith y Gohebydd? Y'ch chi'n ei gofio'n adrodd hanes ei daith ar y rheilffordd o

Ddinbych i Aberystwyth? Siarad gyda rhywrai yng ngorsaf Dinbych, wedyn sgwrs gydag eraill yng Nghorwen. Yr un oedd y stori ymhobman: roedd y landlordiaid yn troi'r Sgriw yn greulon, ond roedd y werin yn gwrthsefyll.

"Na, bobl Ceredigion, 'dych chi ddim ar eich pennau eich hunain. Ar hyd a lled yr hen wlad fach hon, mae pobl fel chi yn barod i lynu'n ddewr wrth eu hegwyddorion a dal ati nes y bydd gwawr newydd yn torri ar fryniau Gwalia.

"Pwy a ŵyr, efallai y daw'r Gohebydd draw yma i Lanbed heno. Synnen i daten. Maen nhw'n dweud nad oes yr un gynhadledd na chyfarfod cyhoeddus yn llawn heb i'r Gohebydd fod yno ..."

Does dim amheuaeth nad oedd pobl y cyfnod yn ymwybodol eu bod nhw'n rhan o symudiad mwy na'r cyffredin. Yn sicr, roedd y Gohebydd yn credu hynny. Roedd Etholiad 1868, yn ei farn ef, yn gyfle i roi 'codiad carictor i hen genedl y Cymry o flaen cenhedloedd eraill'. Yr etholiad hwnnw, a'r hyn a ddigwyddodd yn ei sgil, oedd uchafbwynt ei yrfa yntau. Fel y dywedodd bywgraffiad John Griffith, bron i ddeng mlynedd ar hugain ar ôl ei farw, ei adroddiadau ar helyntion 1868 oedd 'un o orchestgampau' ei fywyd. Mwy fyth oedd effaith ei adroddiadau am yr etholiad, ac am yr erlid a'i dilynodd, ac er mai dyn o Sir Feirionnydd oedd y Gohebydd, roedd Ceredigion yn ganolog i'r hanes.

Roedd John Griffith wedi ei eni yn y Bermo ym mis Rhagfyr 1821, ond un o gadarnleoedd Anghydffurfiaeth Sir Drefaldwyn oedd ei gartref ysbrydol. Roedd ei fam yn hanu o deulu enwog y Diosg yn Llanbryn-mair, yn chwaer i Samuel Roberts, y newyddiadurwr, y gwcinidog a'r ymgyrchydd cymdeithasol, ac i John Roberts, a ddaeth yn olygydd y *Cronicl* ar ôl ei frawd. 'SR' a 'JR' oedden nhw ar lafar gwlad ac fe sgrifennai trydydd brawd, Gruffydd Rhisiart, i'r *Cronicl* yn ogystal.

Er bod tad John Griffith yn ddyn capel hefyd, ychydig o sôn sydd amdano. Y fam a'i theulu oedd y dylanwad mawr – gan gynnwys, fwy na thebyg, yr inc yn ei waed. Un o'r ychydig straeon byw am ei blentyndod yw'r darlun ohono yn y Bermo tua hanner

nos yn aros i rifyn diweddaraf *Y Dysgedydd*, misolyn yr
Annibynwyr, gyrraedd ar wagen o Ddolgellau, ac yntau
ond tua naw oed ar y pryd. Mae un o'i frodyr yn sôn
hefyd amdano'n cymryd rhan yn y dadlau a'r trafod
yn 'y farchnadfa' yn y Bermo, a oedd, os coeliwch chi'r
disgrifiad, yn debyg i'r fforwm yn nhrefi'r Rhufeiniaid.

Yn sicr, roedd John wedi dysgu sgrifennu ac wedi
cael crap ar y Saesneg cyn mynd yn brentis i siop
leol William Owen, a oedd, ymhlith pethau eraill, yn
fferyllydd a *druggist*. Bendith oedd hynny i hogyn a
oedd yn weddol wan ei iechyd ac a ddirywiodd ar ôl
gadael y Bermo a chael gwaith mewn warws dillad
Dickensaidd yn Lerpwl yn 1840. Torrodd ei iechyd o
ddifri bryd hynny, gan arwain at y trafferthion anadl
ac at y peswch dychrynllyd a oedd i ddod yn un o'i
nodweddion pennaf. Yng nghanol helyntion 1868, pan
ddaeth y diwygiwr cymdeithasol mawr, Samuel Morley,
i Geredigion, ei ddisgrifiad o'r Gohebydd oedd 'The
little man who coughs'.

Ar hyd ei oes byddai John Griffith yn cymysgu ei
foddion ei hun, ac ar ôl adfer rhywfaint ar ei iechyd
ac ailddechrau ar yrfa siopwr yn Llangynog yn Sir

Drefaldwyn, byddai yn aml yn argymell '*radical cure*' i'w gwsmeriaid. Cyn bo hir, fel y dywedodd D. Tecwyn Lloyd mewn ysgrif arno, roedd yn cynnig '*radical cure*' i bopeth arall hefyd, ac yn Llangynog, mae'n debyg, y dechreuodd ymgyrchu a siarad yn gyhoeddus a magu uchelgais.

Ymhen ychydig, ac yntau, yng ngeiriau ei frawd, yn teimlo fod 'llanw . . . wedi codi yn ei hanes', aeth i Lundain a chael gwaith fel Is-ysgrifennydd i Hugh Owen yn ei Gymdeithas Addysgiadol Gymreig. Mae'n siŵr fod y gwaith hwnnw wedi rhoi cysylltiadau gwerthfawr iddo at y dyfodol, ond mynd yn ôl i gadw siop a wnaeth yn y diwedd, yn rheolwr i ddechrau ac wedyn yn berchen ar ei siop ei hun.

Dechreuodd sgrifennu i'r *Cronicl* yn fuan ar ôl cyrraedd Llundain. Y fo adroddodd am 'Arddangosiad Mawr' 1851, er enghraifft. Rhaid bod Thomas Gee wedi sylwi ar ei ddoniau, oherwydd o fewn tair wythnos i gychwyn ei *Faner* ar 4 Mawrth 1857, roedd wedi bachu John Griffith fel Gohebydd Llundain, a dyna ddechrau ar bartneriaeth a barhaodd am ugain mlynedd.

Am ryw bedair o'r rheiny roedd y dyn bach hefyd

yn cadw siop ac yn ceisio cyfuno hynny â mynd i lawr i'r Senedd i wylio'r *'great guns'* fel 'Gladdy' a 'Dizzy' – Gladstone a Disraeli. Y Parchedig D. Evans, Caerfyrddin, a roddodd ddisgrifiad (yn orgraff y cyfnod) o'r siop yn Walworth House, No. 19:

> Galwai lliaws o'r Cymry, a gymmerent ryw gymmaint o ddyddordeb yn hanes crefydd a llenyddiaeth eu cenedl, yn fynych yn Walworth House; a difyrus a gogleisiol i lawer o honom fyddai yr olwg a geid arno lawer pryd. Byddai wrth ei ddesg, ond odid, pan elem i mewn, dros ei ben a'i glustiau yn ysgrifennu ei lythyr i'r *Faner* – slips o bapyrau yma ac acw – ac atteb y counter bob yn ail ag ysgrifenu, a blawd ar flaen ei drwyn, ei fochau, ei dalcen a'i wallt ac yn hollol anymwybodol o'r agwedd corphorol a fyddai arno . . .

Ac yna'r frawddeg broffwydol:

> Yr oedd yn hollol amlwg ei fod wedi ei fwriadu gan Ragluniaeth i waith uwch na lapio te a phwyso siwgr.

Y Llythyrau yn y *Faner* oedd cyfraniad mawr John Griffith, wrth gwrs, ac yntau'n cyrraedd cynulleidfa fawr trwy'r unig bapur newydd y gallech chi, ar y pryd, ei alw'n bapur cenedlaethol. Ond roedd hefyd yn gweithio'n ddiflino mewn ffyrdd eraill, yn llythyru, yn galw cyfarfodydd, ac er gwaethaf popeth, yn siarad. Dyna a wnaeth yn ystod Etholiad Mawr 1868 ac wedyn, mewn sawl rhan o Gymru, ac yn benodol yn Sir Aberteifi.

Ymhell cyn hynny, roedd gan John Griffith berthynas agos iawn â Cheredigion, a chydag Aberystwyth yn enwedig. Byddai'n treulio rhyw adeg o bob blwyddyn, bron, yn y dref. Yno, er enghraifft, y treuliodd sawl mis yn ystod ei aeaf olaf yn 1877, gan aros, fel pob tro arall, gyda Mr a Mrs Thomas Samuel yn Heol y Bont. Mae'n sicr ei fod yn teimlo fod awel y môr yn llesol i'w iechyd bregus, ond yn ogystal â'r rhesymau personol dros fod yno, roedd Aberystwyth hefyd yn dref fawr ym myd rhai fel y Gohebydd.

Hi oedd prifddinas y Gymru Anghydffurfiol Gymraeg i bob pwrpas. Prin iawn ar y pryd oedd y sôn am Gaerdydd mewn papurau fel y *Faner*, a thros

sefydliadau yn Aberystwyth yr ymgyrchai John Griffith.
Roedd yn un o gefnogwyr amlycaf prifysgol i Gymru
(roedd honno yn cael ei chynllunio'n fanwl yn 1868) ac
roedd ef, yn un o'i Lythyrau olaf, ymhlith y cyntaf i alw
am Lyfrgell Genedlaethol yn y dref, 'lle y gall unrhyw
un y bo angenrheidrwydd arno gonsyltio gwaith rhyw
awdur Cymreig neu unrhyw lyfr hen neu ddiweddar yn
dal cysylltiad â Chymru'.

I'r Brifysgol yn Aberystwyth y daeth y cerddor
Joseph Parry ar ôl gorfod treulio cyfnod yng
ngweithfeydd haearn yr Unol Daleithiau, a'r Gohebydd,
yn ystod ei ymweliad enwog ag America yng nghanol
yr 1860au, oedd un o'r rhai a drefnodd gefnogaeth iddo
ddychwelyd. Yng nghanol Ceredigion, John Griffith
oedd ysgogydd y syniad o gael cofgolofn i Daniel
Rowland yn Llangeitho. Yn ogystal â chrybwyll creu
Undeb yr Annibynwyr flynyddoedd cyn i hwnnw ddod
i fod, dymunai hefyd weld holl golegau diwinyddol
Cymru yn crynhoi yn Aberystwyth, i'w throi yn
Rhydychen Gymreig.

Yn ogystal â sgrifennu colofnau am y pynciau
mawr hyn, roedd yn enwog am ei ddiwydrwydd yn

trefnu cyfarfodydd cenedlaethol i'w trafod, ac roedd yn llythyrwr diflino ynghylch pob math o achosion. Ond ei Lythyr yn y *Faner* oedd ei arf pwysicaf, ac yntau, erbyn 1868, wedi bod yn ei sgrifennu ers dros ddeng mlynedd ac wedi ennill dilyniant mawr.

Dan yr enw Wmffra Edward yr oedd wedi dechrau cyfrannu o Lundain i'r *Cronicl*. Ei ewythr, Samuel Roberts, oedd wedi sefydlu hwnnw. Hyd yn oed bryd hynny roedd rhai o nodweddion arddull John Griffith yn eu lle. Mewn un golofn gynnar roedd yn galw'r 'Arddangosiad Mawr', Great Exhibition 1851, yn '*great fact*', ac mae'r ebychiad Saesneg yn gwbl nodweddiadol.

Yn 1857 y daeth *Baner Cymru* i fod, yn nwylo Thomas Gee, ac erbyn y pedwerydd rhifyn roedd John Griffith wedi dechrau sgrifennu iddi. Ddwy flynedd yn ddiweddarach byddid yn uno honno â'r *Amserau* i greu'r papur Cymraeg mwyaf llwyddiannus erioed, sef *Baner ac Amserau Cymru*. Erbyn 1868 ceid dau rifyn bob wythnos – ar ddydd Mercher a dydd Sadwrn – a Llythyr y Gohebydd yn ymddangos yn y prif rifyn ganol yr wythnos. Yn ystod yr 20 mlynedd o 1857 i 1877, sgrifennodd bron i fil o'r epistolau yma. Sgrifennodd hyd yn oed res o lythyrau o'r Unol Daleithiau yn ystod ei daith yno, a hynny'n union wedi'r Rhyfel Cartref. Gwelsai'r caethweision yn eu cadwyni ac yn eu rhyddid, ac roedd dylanwad hynny'n gryf iawn arno wrth iddo deithio i Geredigion yn ystod ymgyrch Etholiad Mawr 1868.

Roedd wedi dod i lawr gyntaf yn y cyfnod cyn dewis ymgeisydd, pan oedd gohebydd llai o'r enw 'Nid Hwntw' wedi dweud wrth y *Faner* mai 'cysglyd a marwaidd i raddau helaeth yw pobl y sir hon'. Roedd hynny yn y dyddiau pan oedd y Rhyddfrydwyr yn methu â dewis ymgeisydd, a'r Gohebydd yn cymharu'r sir â hen ferch – Miss Ceredigion – yn chwilio am gariad. Eisio'r arwr mawr o Dregaron, Henry Richard, yr oedd hi mewn gwirionedd ond roedd hwnnw eisoes yn '*engaged*' â 'Berdâr a Merthyr', a'r etholaeth honno yn dal ei gafael ynddo'n dynn.

Er hynny, roedd y darparymgeisydd Matthew Richards ar gael, a'r Gohebydd o'r farn y byddai'r hen ferch, o'i fachu, yn hapus: 'hi a gaiff fachgen ffamws'; a hynny er gwaetha'r ffaith mai un o Abertawe oedd hwn: 'Yr unig beth ag sydd dipyn bach yn anffafriol i Richards ydyw ei fod ef a Miss Ceredigion yn lled ddieithr hyd yma i'w gilydd'. Byddai'r Gohebydd yn gwneud ei orau glas i'w helpu i fwrw'u swildod.

Richards ydi'r dyn mawr arall yn y stori. *Self-made man*, chwedl nhw, o Brooklands, Abertawe. Gŵr busnes 47 oed a oedd yn fab i adeiladydd ac wedi dechrau yn brentis *ironmonger* yn Birmingham. Erbyn 1868 roedd yn bartner i un o gyfoethogion Abertawe – Dillwyn – a'r ddau yn berchnogion ar weithfeydd mwyn yn Sbaen a Norwy, yn toddi spelter (sef sinc) ac arian yn Glandŵr a Llansamlet, ac wedi buddsoddi mewn glo a haearn hefyd, a thrwy lwc yn gwsmeriaid i weithfeydd mwyn Sir Aberteifi.

'Ac os nad yw Mr Richards wedi ei eni yn y sir,' meddai'r Gohebydd, 'y mae o bryd i bryd o fewn y deng mlynedd a basiodd wedi talu miloedd o bunnoedd am fwynau o fynyddau Ceredigion . . .'

Ymhen hir a hwyr, wedi i Richards gael ei ddewis yn ymgeisydd, roedd y Gohebydd yn y fan a'r lle i'w ddisgrifio yn dod i Aberystwyth – cannoedd o bobl yn ei groesawu a *Band of Music* wedi ei drefnu i'w hebrwng i'w lety yn y Gogerddan Arms Hotel. Dewis doeth oedd hwnnw; roedd dylanwad teulu Gogerddan yn allweddol yng ngogledd y sir. Yn ystod wythnosau hir yr ymgyrch cyn y bleidlais ym mis Tachwedd, cafwyd sawl cyfarfod arall, a golygfa gyfarwydd oedd baner las y Rhyddfrydwyr a'r geiriau 'Richards For Ever' arni.

Lawn cymaint ag edmygedd y Gohebydd o Richards, oedd ei ddirmyg o'r ymgeisydd Torïaidd. Roedd hynny'n pefrio trwy ei ddisgrifiad damniol o sut AS fyddai Henry Mallet Vaughan pe bai'n cael ei ethol:

a'r cwbl a ellid disgwyl oddi wrtho . . . fyddai iddo ateb i alwad y *whipper-in* ar adegau o bwys a dreifio i lawr i'r tŷ yn ei *dress coat* a'i wasgod wen, ei *Japan boots* a'i *opera hat* a'i fenyg *lavender kid gloves* – i lawr nid i gymeryd rhan yn y ddadl, oblegid bore fuasai hyny i bendefig ieuangc fel Mr Vaughan, ond yno er mwyn recordio ei *vote* o blaid Mr Disraeli, beth bynag fyddo'r mesur neu'r cynygiad'.

Fel rheol, byddai'r Gohebydd yn defnyddio ymadroddion Saesneg i fywiogi ei waith a chreu teimlad o gyffro; yma, mae'n gyfrwng gwawd.

Roedd rhesymau ychwanegol dros y chwerwder yn y cyfnod yma. Rhan o'r frwydr fawr dyngedfennol rhwng dau rym yr oes oedd Etholiad 1868, sef Rhyddfrydiaeth a Cheidwadaeth, ac yng Nghymru'n benodol, rhwng Anghydffurfiaeth a'r Eglwys sefydliadol. Ar ben hyn yng Ngheredigion ceid rhesymau lleol am ffyrnigrwydd y dadlau. Mae sŵn math newydd, mwy proffesiynol, o wleidyddiaeth yn nisgrifiadau John Griffith.

Cyn hyn roedd yna draddodiad. Er bod y naill ochr yn Chwigiaid a'r llall yn Geidwadwyr, roedd yna ddealltwriaeth fod dwy sedd Ceredigion yn cael eu rhannu rhwng y ddwy garfan: Pryse, Gogerddan, a'i gefnogwyr ar un llaw, a Vaughaniaid, Trawsgoed, ar y llall. Ffordd o osgoi etholiadau drud oedd sicrhau fod un garfan yn cael sedd y sir a'r llall y bwrdeistrefi.

Yn 1865 y dechreuodd pethau newid, a hynny ynghanol dryswch mawr. Ar un adeg roedd peryg i dri ymgeisydd Rhyddfrydol sefyll yn erbyn ei gilydd yn sedd y bwrdeistrefi: Lloyd, Bronwydd, cynrychiolydd teulu Gogerddan, David Davies, Llandinam, y dyn busnes ymwthgar a oedd yn gosod rheilffordd trwy galon y sir, a Henry Richard, y seren newydd.

Bu Richard yn ddigon doeth i dynnu'n ôl wedi trafod efo Pryse, Gogerddan, ond aeth Davies yn ei flaen a gwario tua £15,000 ar ymladd y sedd: y Rhyddfrydwr radical newydd yn erbyn y Rhyddfrydwr Chwigaidd traddodiadol. Yr arian newydd yn erbyn yr hen.

Yn ôl yr hanesydd Ieuan Gwynedd Jones, roedd penderfyniad David Davies yn 'outrageous unpolitical act', ond 'unpolitic', efallai, fyddai'r ansoddair arall. Er mai gweithred oedd hon gan ddyn y dywedodd Disraeli amdano unwaith, 'Good to see a self made man praising his creator', yn ôl Ieuan Gwynedd roedd y weithred honno wedi torri'r iâ; roedd sefyll ynddo'i hun yn fentrus. Yn fwy na hynny, cafodd David Davies ymhell dros 1,100 o bleidleisiau a dod o fewn 400 i Lloyd. Davies oedd wedi ennill mwyafrif yn Llanbed a Thregaron – lle'r oedd ei reilffyrdd yn cael eu gosod – a gwnaeth yn dda iawn yn nhrefi Aberaeron ac Aberystwyth lle'r oedd pobl yn llai clwm wrth y tirfeddianwyr mawr. Yn ne'r sir y gwnaeth salaf, lle'r oedd dylanwad Bronwydd yn gryf.

Roedd gan Ryddfrydwyr newydd fel Davies eu rhestr eu hunain o achosion, a'r rheiny, yn aml, a ddangosai'r gwahaniaeth rhyngddyn nhw a'r hen do. Dadgysylltu Eglwys Iwerddon oedd un o'r brwydrau mawr (a honno'n ernes o'r frwydr ddiweddarach yng Nghymru). Y tugel, neu'r bleidlais gudd, oedd un o bynciau mawr y cyfnod yng Ngheredigion, ac roedd pwysau mawr ar leihau trethi, a'r degwm yn enwedig. Mewn gair, yr holl bethau a fyddai'n torri hen drefn y Ceidwadwyr a'r Chwigiaid fel ei gilydd.

Yn fwy na dim yng Nghymru, brwydr y capeli oedd hon. Trwy'r gwrthdaro rhwng Anghydffurfiaeth a'r Eglwys yr oedd y frwydr wleidyddol yn digwydd. Cael yr hawl i sefydlu ysgolion rhydd yn hytrach nag ysgolion eglwys oedd un o'r achosion pwysicaf, ac mae'n bosib dadlau mai Rhyddfrydiaeth oedd yn gerbyd i Anghydffurfiaeth, nid fel arall. Roedd y tirfeddianwyr wedi gweld bygythiad y syniadau gwleidyddol a chymdeithasol gwirioneddol ryddfrydol a oedd wrth galon Anghydffurfiaeth, ac oherwydd hynny wedi ildio ychydig rhag ffyrnigo'r bobl – trwy roi tir i godi capeli, er enghraifft.

Yng ngholofnau'r *Faner* yn 1868 roedd yna deimlad fod symudiad gwirioneddol ar droed. Nid unigolion uchelgeisiol a safai yn erbyn y Ceidwadwyr mewn rhannau helaeth o Gymru, ond dynion a chenhadaeth ganddyn nhw.

Roedd rhai fel y Gohebydd yn gwbl ymwybodol o arwyddocâd y digwyddiadau. Ar 11 Tachwedd, ar drothwy'r etholiad, sgrifennodd fel hyn:

Yr ydym yn bresennol yn sefyll ar drothwy digwyddiad tra phwysig yn hanes ein gwlad, digwyddiad a edy ddylanwad – a dylanwad pwysig, nid yn unig ar yr hyn sydd weddill o'r bedwaredd ganrif ar bymtheg, ond digwyddiad a edy ei ddylanwad ar Brydain am ganrifoedd i ddyfod. Bydd etholiad 1868 yn ôl y rhagarwyddion a'r rhagolygon presennol yn ddechrau CYFNOD NEWYDD AR BRYDAIN!

Os dynion rhyddion – deiliaid o wlad rydd ac nid caethion *in slavery*, yna actiwn yr wythnos nesaf a'r ganlynol yn deilwng o hynny – yn deilwng o *Free Subjects of a Free Country*, ac nid *Cuba Niggers*! Os ydym ryddion, hawliwn ein rhyddid!

Roedd ychydig o newid wedi bod eisoes, hyd yn oed er 1865. Roedd y ddeddf newydd wedi ei phasio i ddiwygio etholiadau, gan gynyddu'r etholaeth yn sedd bwrdeistrefi Ceredigion o 3,520 yn 1865 i 5,123 yn 1868. O edrych ar dwf democratiaeth, ychydig o newid oedd hyn mewn gwirionedd – o blith yr 1.3 miliwn o bobl oedd yng Nghymru ar y pryd, dim ond 121,000 oedd â'r bleidlais – ond roedd yn arwyddocaol o ran yr ymgyrch etholiadol yng Ngheredigion a gweddill Cymru. Roedd rhagor o ddynion rhydd y trefi yn cael pleidleisio bellach.

Roedd y Rhyddfrydwyr newydd radical am weld mwy o ddiwygio, gan dorri gafael y tirfeddianwyr a'r Eglwys yn llwyr. Ond i'r Rhyddfrydwyr Chwigaidd, yn ogystal ag i'r Ceidwadwyr, byddai hynny'n golygu siglo'r hen drefn. Yng ngeiriau Henry Richard ei hun, dynion oedd yr hen Ryddfrydwyr Chwigaidd yr oedd yn well ganddyn nhw 'aberthu eu hegwyddorion proffesedig yn hytrach na gweld cynrychiolaeth y deyrnas yn llithro o afael eu dosbarth'.

Elfen allweddol arall yn yr hanes ydi ysbryd y

cyfnod ei hun, ac roedd y Gohebydd hefyd yn ymwybodol o hynny. Nododd fod yr haf hwnnw yn 1868 ymhlith y gorau a gafodd Aberystwyth erioed. Yn sgil gosod y rheilffordd, roedd yn amcangyfrif fod 400 o dai wedi eu codi yn y dref yn ystod y flwyddyn, ac roedd gwesty mawr ar y ffordd. Tebyg oedd y stori mewn ardaloedd eraill hefyd. O weld y dref wyliau lewyrchus oedd yno erbyn 1868, roedd John Griffith yn rhyfeddu mai dim ond ychydig o dai pysgotwyr oedd Llandudno 70 mlynedd ynghynt, a chyn y Cob doedd Porthmadog ddim yn bod.

Yn 1864 y daeth y trên o'r canolbarth i Aberystwyth, a'r lein tua'r de a Chaerfyrddin yn dilyn yn 1867. Câi'r sylw na fu 'erioed yn hanes Cymru gyfnod ag y bu cymaint o adeiladu capelau ag sydd yn y cyfnod presennol' ei gadarnhau gan ystadegau ffurfiol ac roedd ysbryd mentrus yn y gwynt.

Mae papurau'r flwyddyn yn dangos bod pobl fusnes Aberteifi am ddod at ei gilydd i brynu agerlong i gario nwyddau i mewn ac allan ac roedd gohebydd lleol o'r enw 'Ramblwr' wedi sgrifennu am John Rees, Machynlleth, a oedd yn dipyn o wyddonydd. Yn ogystal â bod â diddordeb yn un o wyddorau ffasiynol y cyfnod, sef ffrenoleg, roedd hefyd wedi dyfeisio siaced achub i forwyr. Pe cwympai rhywun i'r môr, meddai 'Ramblwr', gallai 'nofio yn dawel a digyffro ar ei wyneb, yn siarad gyda chyfaill, mysgu catied o baco ar gefn Dafydd Jones mor gysurus a phe byddai ar yr aelwyd gartref'. Mae'n debyg fod *demo* o'r ddyfais newydd wedi bod yn harbwr Aberystwyth.

Roedd yna lythyrau eraill yn y *Faner* a oedd wedi dod yr holl ffordd o Batagonia, lle'r oedd y Wladfa yn ei thrydedd flwyddyn. Ym mis Ionawr roedd llythyr gan un o'r sylfaenwyr, Edwin Roberts, yn sôn amdano'n gorfod byw am fis heb ddim ond bwyd hela. Roedd yn gobeithio am gynhaeaf gwenith da yn Chubut, 'Yna bydd y Wladfa ar ei thraed'. Roedd y ddau arloeswr arall, Michael D. Jones a Lewis Jones, ymhlith y llythyrwyr achlysurol hefyd, ac roedd ambell i hysbyseb yn sôn am ymfudo i'r Unol Daleithiau, mewn geiriau tebyg i hyn:

Ymfudwyr i America! Darllenwch hwn. Y mae cwmni rheilffyrdd Hannibal a St Joseph yn cynyg ar werth yn agos i 400,000 o erwau o'r

Tiroedd Gorau yn y Gorllewin. Prairies, tir coed a thir glo yng Ngogleddbarth Talaith Missouri.

Soniai'r hysbyseb am New Cambria a Gomer, gan awgrymu nad ar eu tir eu hunain yn unig yr oedd y werin bobl yn gobeithio am nefoedd newydd. Ac mae'r cyfan ynghlwm wrth ddatblygiad mawr arall y cyfnod – cyfathrebu a'r diwydiant papurau newydd.

Rhwng 1853 ac 1861 gweddnewidiwyd y maes hwnnw hefyd. Diddymwyd cyfres o drethi, gan ei gwneud hi'n bosib i gyhoeddi papurau newydd yn llawer rhatach a chyrraedd cynulleidfa ehangach. Nid cyd-ddigwyddiad ydi hi mai yn y cyfnod hwn y daeth y *Faner* i fod, ac fel yn ein cyfnod ni efo'r Rhyngrwyd, mae teimlad fod pobl yn mynd i'r afael â chyfrwng newydd. Mae tebygrwydd rhwng y llu gohebwyr amatur a sgrifennai eu llithoedd i'r *Faner* a chyfranwyr safle megis maes-e.com ein dyddiau ni. Y cyfraniadau yn y ddau achos yn gyfuniad o farn, gwybodaeth a rhagfarn, a'r awduron yn aml yn cuddio y tu ôl i ffugenwau.

Erbyn 1868, fel y dangosodd yr ofn am ymosodiadau'r Ffeniaid, roedd y pellebyr – neu'r telegraff – yn ei fri. Ac roedd y trên hefyd yn bwysig i bapurau newydd, yn cario gohebyddion o le i le ac yn cludo copïau o'r wasg i'r siopau.

Roedd yr holl elfennau – ysbryd anturus yr oes, datblygiad symudiad gwleidyddol a dulliau cyfathrebu – yn perthyn i'w gilydd ac yn atgyfnerthu'i gilydd yn yr union gyfnod yma.

Felly dyma ni, ryw dridiau cyn y bleidlais, yn ein cyfarfod yn Llanbedr Pont Steffan, a ninnau'n ymwybodol iawn fod yn rhaid i bawb bleidleisio'n gyhoeddus ac y gallai hynny arwain at fygwth a phwysau annheg. Dyna fyddai un o negeseuon y siaradwyr.

"Cofiwch, erbyn hyn, r'yn ni'r Rhyddfrydwyr yn teimlo'n eithaf hyderus. Yn ein barn ni, dim ond un pleidleisiwr yn nhref Llandysul sy'n Dori a dim ond llond llaw sydd yng Ngheinewydd, un o drefi mwyaf Anghydffurfiol y sir. Mae Tregaron yn saff, siŵr o fod. Dim ond Llanbed sydd ar ôl.

"Ond rhaid i ni beidio â llaesu dwylo. Mae

enwadaeth, cofiwch, yn beryglus. Rhaid i ni, Anghyd-ffurfwyr, aros gyda'n gilydd ac mae Richards yn Anghydffurfiwr da. Peidiwch â chael eich temtio i fynd yn ei erbyn oherwydd ei fod yn Fedyddiwr.

"Yr ofn mawr arall ydi'r Sgriw, a phawb yn ymwybodol ohono ers yr erlid mawr ar stad y Rhiwlas yn Sir Feirionnydd ar ôl Etholiad 1859. Efallai eich bod chi wedi darllen llythyr 'Radical' yn y *Faner* ym mis Mehefin: 'Diau y bydd y Toryaid a'u sgriw ynghyd â'u holl gastiau dichellddrwg mewn llawn waith yng Ngheredigion fel siroedd ereill yng Nghymru, y waith hon, fe allai, yn fwy nag y buont ers amser maith'.

"Neu efallai eich bod chi wedi gweld y stori gywilyddus honno ym mis Medi am y clerigwr o Somerset oedd yn berchen ar ffarm yn Llansadwrn a chapel ar ei dir. Roedd wedi bygwth taflu'r gynulleidfa mas ar ddiwedd y les, a hwnnw, meddai, ar fin dod i ben. Ond roedd yr hen gythraul wedi gwneud camgymeriad – nid 99 mlynedd oedd y les ond 999!

"Dyna lythyr 'Gladstoniad' wedyn, bum wythnos yn ôl: 'Mewn un rhan o'r sir, bu yn frwydr ddychrynllyd yn ddiweddar rhwng y meistr tir a'i denantiaid ddiwrnod talu y rhent. Gofynai am eu *votes* i Mr Vaughan fel yr oedd pob un yn rhoi eu rhent i lawr iddo. Gwrthododd pob un ohonynt, torrodd yntau allan i nwydau ofnadwy, hollol ammhriodol i wr bonheddig mewn gwlad rydd fel Prydain.'

"Roedd sgweier ifanc stad Alltrodyn ger Llandysul wedi trio castiau tebyg, ond yn ôl y sôn, dim ond dau o'i denantiaid ef oedd am droi: un am fotio i Vaughan, y Ceidwadwr, a'r llall am ymatal. Ond cofiwch enw Alltrodyn . . . fe fydd yna drwbwl yn fan'na, gewch chi weld. A chofiwch hefyd, bobl Ceredigion, fod rhai yn simsanu – ambell flaenor, hyd yn oed, yn barod i bleidleisio yn erbyn eu cydwybod am fod eu capeli ar dir y gwŷr mawr.

"Y'ch chi'n cofio rhybudd 'Glandulas' o Droedyraur?: 'Ni chlywir neb yn grwgnach mwy wrth dalu trethi a degwm na thrigolion y sir hon. Ond ar ddydd yr etholiad, pwy ond hwy fydd uwchaf eu llais o blaid gormes?' Fe fydd dyn, meddai Glandulas, 'yn troi yn fradwr iddo'i hun, ei broffes, ei briod a'i blant bychain.'

"Gochelwch hefyd rhag y straeon celwyddog sy'n cael eu lledu amdanom. Glywsoch chi'r hanes

cywilyddus am ysgolfeistr Blaen-porth yn ein heclo
ac yn gweiddi 'Fenians, Fenians' ar y Rhyddfrydwyr?
Glywsoch chi'r straeon enllibus sy'n cael eu lledu am
Richards: ei fod yn Sosin (yn Undodwr) a'i bod hi'n
gywilydd i neb ei bledio; ei fod yn Babydd poeth, neu
hyd yn oed yn inffidel tywyll neu'n fethdalwr?

"Y'ch chi'n cofio beth ddigwyddodd yn Aberaeron,
a ninnau eisiau cynnal cyfarfod? Roedd y Toriaid lleol
wedi gwneud yn siŵr fod drws Neuadd y Sir wedi ei
gau yn ein herbyn. Ond ni a enillodd y frwydr honno
hefyd. Fe gawson ni ein dau gyfarfod mewn capeli lleol
– capel yr Annibynwyr yn y prynhawn a'r Methodistiaid
fin nos, i gadw pawb yn hapus.

"A welsoch chi lythyr y Gohebydd ei hun, yn rhoi
gwres eu traed i'r landlordiaid? Mae'r Gohebydd wedi
bod yn America, cofiwch, yn sgrifennu am y caethion
yn dod yn rhydd, yn darlunio byddin garpiog yn
martsio'n ôl trwy Efrog Newydd ar ôl y Rhyfel Cartref,
yn disgrifio stadau'r meistri cotwm wedi eu distrywio'n
llwyr. Mae e'n gwybod beth yw gormes – dim ond y
llynedd y daeth e'n ôl oddi yno. A dyma ddywedodd
e am y Tori hwnnw oedd wedi rhybuddio pobl rhag

ceisio dylanwadu ar ei denantiaid ef: 'Bobl bach anwyl. Gofynnwn i mi fy hun. Ple'r yn ni? Ym mha wlad? Ai yn Virginia neu Kentucky neu Alabama neu Mississippi? Na: diolch i Ragluniaeth fawr y nefoedd am hynny, does yn nhaleithiau Kentucky nac Alabama ddim un hen *Slave Driver* a feiddiai ysgrifennu heddiw yn y fath dôn ac yn y fath iaith . . .'

"A'r Gohebydd wedyn yn disgrifio'r cywardiaid, y bobl babwyr, y rhai sy'n ildio i ormes y meistri. Y'ch chi, bobl Ceredigion, eisiau bod fel y rhain? Edrychwch arnyn nhw yng ngeiriau y Gohebydd: 'Myfi ydwyf gaethwas i Wynnstay. Minnau ydwyf gaethwas i Rhiwlas, Minnau ydwyf un o *slaves* Peniarth a'r pedwerydd, Minnau ydwyf *A Douglas Pennant Nigger*.'

"Bellach, a dim ond tridiau at y bleidlais, ein gwaith mawr ni yw sicrhau fod pobl yr hen sir yma yn pleidleisio yn ôl eu cred. Hon, cofiwch, yw 'y sir fwyaf Anghydffurfiol yng Nghymru'. Os bydd pawb yn cadw at eu cred, fe fyddwn ni'n iawn.

"Maen nhw'n paratoi posteri yn Llandysul ar gyfer y diwrnod mawr. 'Na roddwch fenthyg eich cydwybod heddyw i neb'. 'Na weler *white slaves* yn Llandysul heddyw.'

"A chofiwch eiriau'r Gohebydd unwaith eto. Mae'r Gohebydd yn graff. Mae pawb yn sôn fod y tugel ar y ffordd, y daw'r bleidlais rydd, doed a ddelo, ar ôl yr etholiad nesaf. Mae'r Gohebydd, bendith ar ei ben, yn gwybod fod hynny'n beryglus. Rhaid peidio â gorffwys y tro hwn, gan feddwl y daw'r tugel i'n gwaredu y tro nesaf.

"Na, meddai'r Gohebydd, rhaid i ni 'ymwroli, *screw or no screw*'."

⟜⟞

Gan mai hon oedd ennyd fawr y Gohebydd, cystal disgrifio ychydig bach yn rhagor ar y dyn ei hun, gan ddibynnu'n bennaf ar *Cofiant y Gohebydd*, yr unig gofnod gweddol lawn o'i fywyd.

Fe'i cyhoeddwyd gan Wasg Gee yn 1905, wyth mlynedd ar hugain ar ôl iddo farw. I raddau helaeth, mae'r cofiant yn dibynnu ar y Llythyrau yn y *Faner*, a phrin ydi'r wybodaeth fanwl am John Griffith cyn iddo ddechrau ar y rheiny. Ond mae'r gyfrol yn rhoi awgrym i ni pam y cafodd y dyn bach disylw hwn y fath afael ar bobl ei gyfnod.

Yn y cofiant, mae Job Miles, gweinidog yn Aberystwyth, yn cofio'r tro cyntaf iddo weld John Griffith yn siarad yn gyhoeddus, a hynny yn Hirwaun, yn un o gyfarfodydd gwleidyddol Henry Richard, arwr mwyaf etholiad 1868:

> Yr oedd ei ymddangosiad, ac yn enwedig ei siarad, yn rhywbeth anhawdd iawn ei ddynodi. Ond yr oedd yn *character* drwyddo a throsto oll. A pha beth a ddywedaf am ei besychiad? Pwy a glybu y fath erioed? A chofier nid oedd yn gyflawn hebddo. Pwy bynag a'i clywodd yn siarad heb besychu ni chlywodd y Gohebydd yn yr oll ag ydoedd.

Ac wedyn:

> Yr oedd ganddo hawl i fod ar y llwyfan yno. Gwnaethai efe fwy nag odid neb arall i sicrhau bodolaeth ac amcan y fath gyfarfod.

Gan Job Miles hefyd y cawn ddisgrifiad manwl o'i arddull siarad, neu beidio â siarad, efallai:

> Un o'r siaradwyr rhyfeddaf a welodd y byd yma erioed ydoedd. Codai ar ei draed, a gosodai ei law aswy ar ei ochr, ac estynai ei law dde ym mlaen

ac yn ôl, ym mlaen ac yn ôl, ymlaen ac yn ôl ac
ni wyddai neb pa bryd y deuai gair allan o'i enau.
Byddai ei gynulleidfa ar ymdori gan chwerthin a
phawb yn lygaid a chlustiau i gyd. Yna codai ei law
dde at ei ben mawr, a gosodai ei fysedd drwy ei wallt
a deuai y frawddeg hir-ddisgwyliedig allan gyda
chryn nerth. Llais main, a hytrach yn wichlyd oedd
ganddo, ond yr oedd yn elfen bwysig yn yr hyn a
wnelai i fyny y Gohebydd. Parod ydoedd i godi i
siarad pan elwid arno; ac os na elwid ef, nid oedd
yn ôl o godi ohono ei hun. Fe allai y codai mewn
attebiad i alwad weithiau, ac yr eisteddai drachefn
heb yngan gair.

Ond nid sebon traddodiadol y cofiannau Cymraeg
ydi'r ganmoliaeth hon. Ar waetha'i wendidau, roedd
pobl yn barod i deithio o bell i wrando ar John
Griffith. Ar dudalennau'r *Faner* yn 1868 mae yna
lythyr gan bobl gyffredin oedd wedi mynd i wrando
arno yn Lerpwl. Mae eu siom cyntaf o'i weld yn
arwydd clir o rym camarweiniol y wasg yn y dyddiau
hynny:

Mae yn henach o flynyddoedd na chyfrifiad
y dychymyg, yn wanach o lawer, yn siarad yn
gyflymach, – rhyw bedwar sill am bob un, ac yn
llai o lawer mewn corffolaeth . . . llais distaw main
a ninnau wedi disgwyl clywed rhyw dôn nerthol,
seingar, soniarus . . .

Mae yna gyfeiriad arall yn y *Cofiant* at ei arddull
siarad sy'n ddigon i wneud ichi ddymuno bod yno eich
hunan i wrando:

Yn ei ddarlith ar America yr oedd ei
ddynwarediad cywir a naturiol o'r Negroaid
druain yn canu yn eu gorfoledd ar ôl eu
rhyddhad o'u caethiwed yn un o'r pethau
mwyaf tarawiadol a difyrrus.

Trwy'r cyfan, mae'n amlwg ei fod yn ddyn
brwdfrydig. Mae yna un disgrifiad ohono yn rhan o
dyrfa yn clywed cerdd newydd gan Ceiriog am y tro
cyntaf, a'r Gohebydd, mae'n debyg, 'fel *holiday lunatic*
yn neidio i fyny ac i lawr'. Y brwdfrydedd hwnnw, y tro
ymadrodd ffraeth, ynghyd â'r enw a oedd ganddo trwy
sgrifennu, a fynnai fod pobl yn gwrando.

Brwdfrydedd a ffraethineb ydi dau o nodweddion ei sgrifennu hefyd. Hyd yn oed yn ôl safonau darllen heddiw, mae ei arddull yn fywiog, weithiau fel *patter* digrifwr, weithiau fel pregethwr yn mynd i hwyl, ac yn llawn o eiriau ac ymadroddion Saesneg.

Fel sawl newyddiadurwr ar ei ôl, cafodd ei feirniadu am dramgwyddo rheolau gramadeg, ond hefyd ei ganmol oherwydd fod ganddo, yng ngeiriau'r Parchedig Owen Evans, Lerpwl, 'ddawn eithriadol i wneuthur cwestiynau lled ddyrus yn eglur a dyddorol i ddarllenwyr cyffredin'. I lawer o ddarllenwyr y *Faner*, fel y dywedodd un, 'ysgrif y Gohebydd yw ei blodeuyn perffeithaf a'i ffrwyth pereiddiaf a mwyaf blasus'.

I Job Miles eto y mae'r diolch am ddisgrifiad o John Griffith yn cyfansoddi ei Lythyrau pan oedd yn y siop yn Llundain. Byddai'n sgrifennu pob brawddeg ar lechen i ddechrau ac yn ei darllen yn uchel. Yna, sgrifennu ac ailysgrifennu nes bod yn fodlon. Nid yw darllen brawddeg yn uchel yn gyngor gwael i newyddiadurwyr modern, ond yn nhrydydd chwarter y bedwaredd ganrif ar bymtheg roedd yna reswm da arall pam roedd sŵn adroddiad yn bwysig: 'Ymron ym mhob maelfa a gweithdy gwelid nifer o ddynion wedi ymgynnull yn unig i wrandaw darlleniad Llythyr y Gohebydd', gan ychwanegu, gyda llaw, mai 'yn etholiad 1868 daeth y ffrwyth i'r golwg'.

Os oedd dyfodiad y trên yn bwysig yn hanes cymdeithasol Cymru, roedd o dragwyddol bwys i newyddiadurwr fel John Griffith hefyd. Y 'gerbydres' a roddodd y cyfle i rywun fel fo deithio, ac fel y dywedodd Thomas Gee ei hun mewn ysgrif goffa, mi fanteisiodd y Gohebydd ar hynny:

> Yr oedd i'w gael un diwrnod yn Llundain; ac os byddai etholiad yn Sir Aberteifi drannoeth, byddai yno . . . yna clywid ef yn pesychu yn Liverpool; yng nghapel Dr Rees . . . ar ôl hynny clywid ef yng nghyfarfod mawr addysg Aberystwyth yn gofalu am y trefniadau ac yn areithio . . .

Ac roedd ganddo'r trwyn newyddiadurol:

> Disgynai yn wastad, a benthyca ei eiriau ei hun, pan y byddai yno ladd mochyn ac yn y *very* adeg.

Hyn i gyd, mae'n debyg, a wnaeth i Kilsby Jones ei alw yn 'Pob man', yn holl ystyr dwyieithog y gair.

Ymhlith ei deithiau, wrth gwrs, oedd ei ymweliadau â Cheredigion, a hynny cyn ac ar ôl yr etholiad y credai llawer a fyddai'n esgor ar Gymru newydd.

Mewn un sedd ar ôl y llall roedd yna fuddugoliaeth i'r Rhyddfrydwyr radical; weithiau heb ornest, weithiau ar ôl ymgyrch galed. Dyna fel yr oedd hi ym Meirionnydd, Môn, Dinbych, Caernarfon, Aberdâr a Merthyr, ac, wrth gwrs, ym mwrdeistrefi Ceredigion.

Daeth y fuddugoliaeth i Matthew Richards o 2,078 i 1,918 ac roedd y darogan yn weddol gywir. Mi gafwyd mwyafrif ymhobman heblaw Llanbed, yn ôl y disgwyl, ac yn annisgwyl yn Nhregaron. Awgrym Bethan Phillips, cofiannydd Joseph Jenkins, y Swagman, yw mai pwysau Trawsgoed a Nanteos a berswadiodd Undodwr fel hwnnw i ymgyrchu o blaid Vaughan, y Tori, a chael dylanwad ar rai o'i gyd-bleidleiswyr ym mhen uchaf Dyffryn Teifi. Yn ddiddorol ddigon, yn 1865, yn nyddiau gosod y rheilffordd, Tregaron a Llanbed oedd yr unig ddau le o blaid David Davies, Llandinam, y radical mawr.

Yn wahanol i newyddiadurwyr a phobl y cyfnod, mae haneswyr wedi tueddu i dynnu gwynt o hwyliau'r rhai sy'n dweud fod Etholiad 1868 yn fath o chwyldro tawel. Maen nhw'n tynnu sylw at y ffaith fod Richards wedi colli eto yn 1874, ac mae hyd yn oed Kenneth O. Morgan, sydd ar y cyfan o blaid drama'r digwyddiad, yn pwysleisio mai dim ond tri o blith y 33 aelod seneddol oedd yn Anghydffurfwyr, a dim ond naw oedd heb fod yn dirfeddianwyr. Ar y llaw arall, byddai'r newyddiadurwyr am ddweud, 'Ie, ond mi *roedd* yna dri a naw – a hynny, efo'r holl erlid a'r gormesu a ddigwyddodd yn ei sgil, yn ddigon i osod yr etholiad yma ymhlith digwyddiadau mawr hanes democratiaeth a chynnydd gwleidyddol yng Nghymru.'

Ddylen ni ddim bod yn unochrog, chwaith. Nid o un ochr yn unig y deuai'r pwysau annheg. Roedd yna'r fath beth â Sgriw Crefyddol – yr awgrym, bron, y byddai rhywun yn digio Duw wrth bleidleisio dros y Toris. Roedd un llythyrwr yn y *Faner* wedi bygwth cyhoeddi enwau Anghydffurfwyr oedd yn troi yn erbyn eu pobl eu hunain, ac roedd y papur ei hun wedi canmol sgweier Rhyddfrydol Cefnamwlch yn Llŷn am drefnu'r tenantiaid yn daclus i bleidleisio i Love Jones Parry. Ar un llaw, câi tenantiaid eu bygwth â cholli eu ffermydd, ac ar y llall, â cholli bywyd tragwyddol.

Doedd yr ymchwydd o blaid Anghydffurfiaeth radical ddim yn unffurf chwaith. Ychydig cyn y bleidlais, roedd un o ohebyddion anffurfiol y *Faner* yn sôn am anwybodaeth a difaterwch y pleidleiswyr yng Ngheredigion, yn enwedig y rhai newydd a etifeddodd y bleidlais ar ôl 1865. Fyddai'r bleidlais yn gwneud dim gwahaniaeth ariannol iddyn nhw ymhen deng mlynedd, meddai, ac felly doedd hi ddim o bwys.

Fe allwch chi ddadlau pa mor radical oedd y Radicaliaid yma, ac yn sicr fe allwch chi ddadlau pa mor bwysig oedd yr etholiad o ran deffroad Cymreig. Wedi'r cyfan, roedd y berthynas â Lloegr a'r Saesneg, a'r syniadau cyfredol am gynnydd a llwyddiant, yn gymhleth iawn, yn union fel y maen nhw heddiw.

Ond, beth bynnag am ein hamheuon ni y dyddiau hyn, gwrandewch ar y Gohebydd ar 2 Rhagfyr 1868 ar ôl cael y canlyniadau:

Prin y medrwn goelio ein llygaid! prin yr ydym yn gallu perswadio ein hunain i gredu mewn gwirionedd fod hen Sir Feirionnydd yn rhydd! fod Castell Penrhyn wedi syrthio! fod Ceredigion, er gwaethaf holl ystrywiau tirfeddianwyr y sir a dylanwad Coleg Llanbed dros y sir, a thrwy'r holl wlad, fod yr Ymneilltuwr o Abertawe wedi cario! fod Ymneilltuwr, mab i hen weinidog Methodist o sir Aberteifi wedi cario Merthyr a Berdar … fod blaenor Methodist, mab yng nghyfraith i weinidog Methodist wedi cael *walk over the course* yn Ynys Môn.

Y gwir ydi fod y bwlch yn y mur wedi'i dorri. Yn 1906, flwyddyn ar ôl cyhoeddi cofiant y Gohebydd, byddai'r Rhyddfrydwyr yn sgubo'r Toriaid o'r neilltu yng Nghymru, ac roedd 1868 yn gam anferth tuag at hynny. Mae'n ymddangos hefyd fod yr ymgyrchu cyn y bleidlais yn arwydd o ddatblygiad gwleidyddiaeth fodern, a gwleidyddiaeth plaid yn hytrach na charfan. Roedd y Toriaid, a'r hen Ryddfrydwyr Chwigaidd hyd yn oed, yn dibynnu ar draddodiad a braint eu dosbarth; roedd y Rhyddfrydwyr newydd yn dibynnu ar gyd-ymgyrchu.

Dim ond unwaith y gallwch chi golli eich gwyryfdod ac roedd Miss Ceredigion wedi cael noson fawr yn 1868.

Ond i ni, ac yn sicr i'r Gohebydd, nid dyna ddiwedd y stori. Roedd yr adwaith yn debyg mewn sawl rhan o Gymru ac roedd y Sgriw ar waith. Yn chwareli Arfon roedd yna golli swyddi; mewn tyddynnod ym Meirionnydd roedd yna godi rhent a cholli cartrefi; ond yn siroedd Caerfyrddin a Cheredigion y cafwyd yr erlid mwyaf.

Ymhell cyn yr etholiad yma – 'nôl yn 1865 – roedd pobl fel Thomas Gee wedi sôn am yr angen i greu cronfa i anfon 'y gorthrymedigion' i America. Ac wrth i bleidlais 1868 ddynesu, roedd y Gohebydd hefyd am sefydlu cronfa ymlaen llaw. Gyda'i grafftter arferol, sylweddolai y byddai cefnogaeth o'r fath yn annog pobl i bleidleisio, a hwythau'n gweld y byddai cymorth ar gael pe bai pethau'n troi'n gas.

Hyd yn oed heddiw, nid yw'n hollol glir faint yn union o bobl a gafodd eu herlid. Chwe mis cyn i'w tenantiaethau ddod i ben yn hydref 1869, roedd nifer mawr wedi cael rhybudd i adael eu ffermydd. Mi fuon nhw'n byw dan y cwmwl hwnnw tan y funud olaf, er na weithredwyd ym mhob achos. Y ffigwr sy'n cael ei dderbyn yn swyddogol – oherwydd gwrandawiad Pwyllgor Dethol yn Nhŷ'r Cyffredin – ydi fod 43 wedi eu troi allan o'u ffermydd yng Ngheredigion, a 26 yn Sir Gaerfyrddin. Ond mae yna sôn mewn gwahanol lefydd am 100 achos arall a hyd at 200 rhybudd. Beth bynnag oedd yr union ffigyrau, o gofio mai 160 oedd y mwyafrif yng Ngheredigion allan o bleidlais o 4,000, roedd aberth y rhai a wrthsafodd y Sgriw yn sylweddol ac yn allweddol.

Dyna stori'r haneswyr. Ond rhaid troi at y Gohebydd i gael blas go iawn – a theimlo'r effaith. Yn fwy hyd yn oed na'i ohebu am ymgyrch yr etholiad ei hun, adrodd stori'r 'gorthrwm' oedd ei gyfraniad mawr. Roedd hi'n arwydd o'r newid byd gwleidyddol fod Pwyllgor Dethol wedi mynnu ymchwilio i'r mater, ond y dulliau cyfathrebu newydd a dylanwad rhai fel John Griffith oedd wedi sicrhau fod y 'gorthrwm' yn stori, ac yn stori genedlaethol.

Yn ôl ei arfer, roedd y Gohebydd wedi gweithredu'n ymarferol hefyd. Ef oedd un o'r rhai a alwodd gynhadledd fawr yn Aberystwyth i drefnu cronfa.

Mi sgrifennodd o ac eraill 1,000 o lythyrau a threfnu argraffu 3,000 o daflenni i'w hanfon i gapeli trwy Gymru. Fe sicrhaon nhw hefyd addewidion am arian gan bobl gyfoethog i roi sicrwydd pe bai'r casglu'n siom.

Yn y diwedd cafwyd casgliad ar Sul cyntaf 1870, ac mae'r symiau'n rhoi argraff o'r cryfder teimladau ac o'r ardaloedd lle'r oedd yr erlid ar ei waethaf.

Yng nghanol y sir, lle'r oedd yr Undodiaid, ar waetha'u syniadau crefyddol beiddgar, wedi cymryd rhan amlwg yn ymgyrch Matthew Richards, roedd y tirfeddianwyr wedi dial. Llwyddodd cynulleidfa wledig Capel y Groes yn Llanwnnen i godi £21.12s.3c, a chyfrannodd Pantydefaid, Pren-gwyn, £12. Roedd y cyfanswm yn £23 yng nghapel y Tabernacl yn Aberystwyth – capel y Rhyddfrydwyr cefnog – ond £12.6s.4s oedd y swm o dri phrif gapel tref Aberteifi.

Yr un oedd y patrwm trwy'r siroedd, a'r casgliadau'n adlewyrchu maint yr erlid. Daeth dros £400 o Geredigion, dros £200 o Gaerfyrddin, £154 o Sir Gaernarfon a £116 o Feirionnydd.

Fel y gellid disgwyl, roedd patrwm y taliadau a wnaed yn adlewyrchu'r caledi yn ogystal: £2,090 at

63 achos yng Ngheredigion, £690 at 21 achos yn Sir Gaerfyrddin, £450 at 25 achos yn Sir Gaernarfon. O gofio'r ffigyrau swyddogol cynharach, doedd hi ddim yn fater o droi allan ymhobman; roedd colli gwaith a chodi rhent hefyd yn digwydd.

Helpu i drefnu'r gronfa ar gyfer y bobl hyn oedd cyfraniad ymarferol John Griffith, ond trwy ei adroddiadau yn y *Faner* y cafodd y dylanwad mwyaf. Ym mis Hydref 1869 roedd yn sôn yn arbennig am Geredigion:

> Swn morthwyl yr *auctioneer* a glywir bron o
> gwr bwy gilydd i'r sir, ac nid yng Ngheredigion
> yn unig chwaith, ond hefyd yn y sir agosaf
> ati – Caerfyrddin – ond yn unig nad ydyw y
> gynddaredd yno ar gylch mor eang nac ychwaith
> wedi cyrraedd y fath *climax* ag y mae yng
> Ngheredigion.

Roedd yna ddicter gwirioneddol i'w deimlo yn ei frawddegau wrth iddo sôn sut yr oedd y tirfeddianwyr yn chwarae gyda'u tenantiaid, yn rhoi rhybudd ac wedyn yn ei gadael hi tan y funud olaf cyn dweud a oedden nhw'n cael aros neu'n gorfod mynd. Roedd yna boen meddwl i'r rhai oedd yn aros, ac i'r rhai oedd yn cael eu troi allan doedd dim cyfle i wneud trefniadau eraill. Hyd yn oed ar ôl eu gyrru o'u ffermydd roedd y landlordiaid yn ymddwyn yn galed, wrth fynnu rhent a thaliadau amrywiol.

Un o'r dioddefwyr oedd Matthew Pugh, os dyna'i enw cywir. 'Yr hwn a alwn yn Matthew Pugh,' meddai'r Gohebydd wrth ei ddisgrifio. Dyma ddyn capel a fu'n denant perffaith ers saith mlynedd ac a oedd bellach yn gorfod gadael y tyddyn yr oedd wedi ei wella, ac ar ben hynny yn gorfod wynebu cais annheg am rent ychwanegol.

Fel y mae newyddiadurwr cyfoes yn ei wneud, mynd yno i weld drosto'i hun a wnaeth John Griffith ac mae ei ddisgrifiad o'r ymweliad ag ardal Pentregat a Llangrannog yn enghraifft o ohebu modern, cynnil a theimladwy.

I fferm o'r enw Ffynnon yr aeth, wrth ymyl capel y Ffynnon, Worville Brook. Yno yr oedd Matthew Pugh a'i deulu wedi cael noddfa gan wraig weddw:

Dyma ni at y tŷ. A dyma Matthew Pugh allan i'r buarth i'n cyfarfod, i'n croesawu â gwên siriol ar ei enau. Dyn *slender*, lled dal, tirion yr olwg arno . . . Ym mhen dau neu dri munyd dyma bwten o wraig fechan atom, a dwy lodes fechan, penau cochion, yn ei dilyn . . . Dynes fechan, lân, hawddgar, galed, gron, groenwen, gryno: *specimen* ragorol o *Garden* o wraig fferm. Yr oedd cegin y Puwiaid yr ochr arall i'r ty; y wraig weddw wedi *shifftio* fel ag i'w gwagu o bob peth oedd ganddi hi yno, er mwyn i'r Puwiaid gael lle i ddodi ychydig o ddodrefn – hen gwpbwrdd cornel a fuasai er's hir flynyddau yn eiddo'r teulu, a chloc, a chwpbwrdd *press*, a hen *ddreser* dderw hen ffasiwn, a gadwyd heb eu gwerthu gyda'r eiddo ereill ddiwrnod yr *auction*. Yr oedd y plentyn lleiaf, a anesid ryw wythnos neu ddwy cyn dydd Gwyl Fihangel, yn cysgu yn esmwyth yn ei gryd, a golwg cryf ac iach arno. Thomas Matthew y gelwir hwn; ond mynai rhai o'r cymmydogion iddynt ei enwi yn 'Fab y Gorthrymder' . . .

Unwaith, a dim ond unwaith, y daeth dwfr i lygaid y wraig, Hannah Puw – wrth adrodd hanes gwerthu'r buchod. Yr oeddynt yn godro o bymtheg i ugain o fuchod, ac yr oedd dwy neu dair o'r hen fuchod – 'Llwyden fawr,' a'r 'Fuwch Ddu fach,' a 'Doli' – yr oedd y rhain yn *favourites*, ac mor deuluaidd, a bron iawn mor agos at ei chalon, ag un o'r plant. 'Bu bron iawn i mi,' meddai, 'a rhedeg allan a chofleidio 'Llwyden fawr' pan welais hi yn cael ei chychwyn i ffwrdd oddi ar y buarth.' A'r pryd hwnw, wrth sôn am Gychwyn 'Llwyden Fawr,' aeth yn ormod iddi i ddal; llanwai ei dau lygad glâs fel dwy seren; a methodd y ddau ymwelwr yn lân a dal heb droi draw – a metha un o'r ddau ag adrodd ar bapur yr ymddiddan am werthu 'Llwyden fawr' heb orfod rhoddi yr ysgrifell ddwy waith neu dair o'i law. 'Aeth gwerthu 'Llwyden fawr',' meddai, dan wenu, wedi i ni ddyfod atom ein hunain – 'aeth yn fwy o lawer ataf na cholli ein cartref.'

Yr oedd edrych ar sirioldeb y teulu hyn – sirioldeb y gwr, a sirioldeb y wraig, a sirioldeb y plant – yng nghanol eu holl drallod, cystal a

phregeth. Dyma nhw: flwyddyn i heddyw yn
deulu cysurus, ar eu haelwyd gynnes eu hunain;
yng nghanol eu digon; yn godro ugain o fuchod;
a cheffylau a gwartheg, a defaid lawer gyda hyny;
ar fferm gryno, ac wedi dyfod, drwy ddiwydrwydd,
a llafur, ac ymröad, i dalu am ei thrin. Heddyw, y
mae'r cwbl wedi eu chwalu – y ceffylau, y defaid a'r
gwartheg – hyd yn oed 'Llwyden fawr,' a Siân, a'r
Fuwch Ddu fach, Crapach, Kansi, a Doli – wedi
eu gwerthu; dim yn aros heb law 'Llwyden fach'
a'r ferlen – yr hen gartref wedi ei osod i eraill; y
dodrefn, peth yma, peth draw; ac wedi gorfod
dïangc am noddfa i'r fan hyn o dan gronglwyd y
wraig weddw . . .

Ac yna mae'r Gohebydd yn cael ar ddeall fod teulu
arall o 'ferthyron' wedi cael lloches hefyd ac yn byw yn
y beudy:

Authum i mewn – beudy hir, a drws yn ei ochr
yn rhywle tua'r canol. Gwelem y teulu yn swpach
bach o gwmpas mymryn o dân yn un pen iddo
– mymryn o dân mewn grât fechan, gron, ar lun
crochan ar y llawr; twll wedi ei dori yn y tô yn ymyl

y talcen, yn lle simdde, i'r mwg ddïangc allan; dim
ceiling; llawr pridd *damp*, ac yn arogli yn drwm
o fiswail gwartheg; ystyllod wedi eu hoelio ar y
ffenestr i gadw yr oerfel allan.

Eisteddai o flaen y mymryn tân wraig, gyda het
frethyn y gwr am ei phen; baban bychan mis oed ar
ei glîn; pedair lodes fach, a'r cî a'r gath, yn swpach
yn ei gilydd rhyngddi â'r mûr, fel cywion adar
mewn nyth, yn ymglymu y naill yn y llall i helpu
cadw eu gilydd yn gynnes; hogyn o fachgen tua
deuddeg oed, afiach, yn eistedd yr ochr arall ar ystôl
isel, ac yn darllen ei *spelling book* yng ngolau y tipyn
tân. Crochan o 'sican gwyn,' ys galwem o yn sir
Feirionydd (llymru teneu, at drwch gruel neu laeth
enwyn), yn berwi uwch ben y tân at swper, a dernyn
o dorth o fara haidd du ar y coffr o'r tu cefn.

A dyma olygfa ydyw hon! Y debycaf iddi y
digwyddais ei gweled yn fy mywyd oedd golygfa
a welswn mewn caban Negro, y noson y bûm
yn llettya yn Corinth ym Mississippi – teulu o
Negröaid a oeddynt newydd ddyfod o hyd i'w gilydd
ar ôl eu rhyddhau ar derfyn y rhyfel. Rhedai yr olygfa

hono yn fyw i'n côf wrth edrych ar y wraig â'r baban ar ei glîn, a'r pedair lodes fach, a'r ci, yn gwasgu yn eu gilydd o gwmpas y dyrnaid tân a oedd yn nhalcen y beudy . . .

Yr hyn a darawai ddyn dyeithr oedd fod hwn yn deulu wedi cael eu gwasgu – eu *cowio*! Ofn edrych yn eich gwyneb; arswyd clywed troed dyieithr yn troi i'w dŷ, rhag ofn mai dyfod yno yr oedd ar y neges o ymofyn am arian, a hwythau heb ddim i'w talu; teulu na byddai braidd swllt yn y ty ddydd yn y flwyddyn, ac na welodd y wraig liw sofren er dydd ei phriodas. Gwerthent yr ychain, y moch, a'r ymenyn, a rhedid â'r arian, cyn byth y caffo y wraig na'r plant olwg arnynt, i'r meistr tir am y rhent; gwerthid y gwlân i gyfarfod y trethoedd, a hyny o wenith a godid ar y tir i dalu y degwm; a phob ceiliogwydd a chyw iâr i gyfarfod biliau y crydd, y gôf, a'r teiliwr; a phorthid y plant, ac yn wir, y teulu, yn benaf ar datws a llaeth, bara barlys a bwdram poeth. Y mae yn bur ammheus a oes o fewn Prydain deuluoedd ag ydynt yn byw yn galetach na theulu fel hwn . . .

Ac yma, yn nhalcen y beudy oer penagored yma, y ganwyd y plentyn mis oed yma, sydd yn awr yn sugno ar fron y wraig o flaen y dyrnaid tân yma! Yr wyf yn gadael y darlun yn y fan hyn *to tell its own tale!*

Heddiw, ar wahân i fod yn ddeunydd ar gyfer seminarau ar newyddiaduraeth ddeheuig, mae'n hawdd dychmygu effaith y darn ar ddarllenwyr ei gyfnod. Byddai pob manylyn yn taro, a'r Gohebydd, heb lawer o'i ebychiadau Saesneg arferol, na llawer o ymddyrchafu Beiblaidd, yn gwybod fod y stori'n ddigon.

Kenneth O. Morgan sy'n sôn am fyth a realiti 1868 yn trawsnewid teimladau dosbarth yn fudiad i genedl gyfan. Oherwydd natur y cyfrwng, mae myth a realiti yn aml yn un mewn newyddiaduraeth boblogaidd, ac yn aml y myth sydd fwyaf effeithiol.

Yn 1905, yn oes aur y Rhyddfrydwyr, ac ar drothwy eu buddugoliaeth fwyaf, dyma a ddywedodd Job Miles wrth dafoli bywyd John Griffith, 'Cydnabyddir yn bur gyffredinol, mi dybiwn, mai yn y blynyddoedd o 1860–1868 y deffrowyd Cymru yn wleidyddol.'

A'r Gohebydd oedd llais mwyaf poblogaidd y Gymru Anghydffurfiol, Ryddfrydol, Gymraeg yn y dyddiau hynny.

Fel y dywedodd yr erthygl goffa iddo yn y *Faner* ar 19 Rhagfyr 1877:

Nid oes neb heddyw a wyr pa faint ennillodd gwahanol symudiadau gwladgarol, politicaidd, elusengar a chrefyddol y Dywysogaeth trwy ei ymchwiliadau personol, a'i lythyron galluog yn ein colofnau!

Thomas Gee ei hun oedd biau'r geiriau yna ac mae'n gorffen gyda pherorasiwn y byddai unrhyw newyddiadurwr wrth ei fodd yn ei gael.

Ffarwel! Ohebydd annwyl, annwyl! Cysga hun dawel ar ôl dy ddiwrnod o lafur gogoneddus. Bydded heddwch i'th lwch! a dyfoded llaweroedd o feibion yr Hen Wlad i ddilyn dy esiampl.

⟨ LLYFRYDDIAETH ⟩

Detholiad o'r prif ffynonellau ar gyfer y llith hwn:

Baner ac Amserau Cymru 1868-70

Cragoe, Matthew, 'The Anatomy of an Eviction Campaign:
    The General Election of 1868 in Wales and its
    Aftermath' yn *Rural History* 9, 1998, t. 177

Griffith, Richard (gol.), *Cofiant y Gohebydd*
    (Gwasg Gee, 1905)

Jones, Ieuan Gwynedd, *Explorations and Explanations:*
    Essays in the Social History of Victorian Wales
    (Gomer, 1981)

Lloyd, D. Tecwyn, 'John Griffith, y Gohebydd: (1821-1877)'
    yn *Llên Cyni a Rhyfel a Thrafodion Eraill*
    (Gwasg Gomer, 1987)

Morgan, Kenneth O., *Wales in British Politics 1868-1922*
    (Gwasg Prifysgol Cymru, ail arg., 1991)